100 GESTES ÉCOLOS

QUI VONT CHANGER LE MONDE

(et aussi ma vie !

Merci aux personnes qui font des petits gestes, des petits pas et qui savent que tout cela deviendra immense et fera évoluer nos sociétés.
Merci aux personnes qui offrent de leur temps et de leur énergie pour offrir un monde vivable à nos prochain·e·s, même si parfois la situation paraît désespérée.
Merci aux curieux qui n'ont pas peur de se poser des questions et d'adapter leur mode de vie.

Merci à ma famille, à mes proches pour leur soutien.

Direction de la publication
Isabelle Jeuge-Maynart et Ghislaine Stora

Direction éditoriale
Aurélie Starckmann

Édition
Sylvie Cattaneo-Naves

Couverture et conception graphique
Valentine Antenni

Mise en pages
Anna Bardon

Fabrication
Donia Faiz

ISBN : 978-2-03-596019-1

Marina Le Floch

100 GESTES ÉCOLOS QUI VONT CHANGER LE MONDE

(et aussi ma vie !

LAROUSSE

AVANT-PROPOS

Après avoir visionné le film *Demain*, j'ai ressenti le besoin, comme beaucoup, d'en faire plus, de m'engager plus au niveau de l'écologie. Mais par où commencer ? Un bilan et une mise à plat de mon mode de vie me semblaient nécessaires. Et pourquoi pas en illustrations ? C'est ainsi qu'a débuté le projet des gestes écolos.

Tous les gestes illustrés sont ceux que je réalise couramment dans ma vie. Je n'ai pas illustré ceux que je ne mets en pratique qu'occasionnellement, comme me déplacer en vélo par exemple. Je les ai d'abord listés sur papier tout au long de la série, et j'ai également commencé de nouveaux gestes. Comme utiliser une brosse à dents en bois par exemple. Je les ai partagés sur mon blog, car c'est toujours stimulant d'avoir des réactions et des échanges. De plus, en commençant à les publier, je pouvais difficilement dévier de mon objectif : réaliser une centaine d'illustrations !

J'ai représenté essentiellement des femmes. Je me suis vue en rousse, en blonde, en plus plantureuse, sans lunettes... Bien que je ne me sois pas représentée en homme, beaucoup de gestes les concernent aussi.

Les gestes vont du plus simple (mettre un pull), au plus complexe (habiter en habitat groupé). Il n'y a pas d'échelle, chaque geste est important et contribue à un mode de vie durable. Actuellement, nous nous sentons démunis face aux catastrophes écologiques et à la mauvaise gouvernance environnementale des états. Si je ne peux pas (encore) me passer à 100 % du plastique et me nourrir en toute autonomie, je peux déjà commencer par de petites actions. J'agis à mon échelle sur mon environnement, je suis persuadée que nous avons du pouvoir en tant que citoyens et consommateurs pour débloquer des leviers politiques et industriels.

Nul n'est parfait. Je réalise ces gestes au maximum, mais il m'arrive de faire des écarts, par souci financier, par manque de temps ou d'énergie. L'essentiel est de faire de son mieux. Je savais que cette série allait me pousser un peu plus loin dans ma démarche, me faire évoluer. Et c'est effectivement ce qui est en train de se passer.

En plus des personnes qui découvrent des nouvelles actions, un des meilleurs retours des internautes que j'ai eu c'est « Finalement, en voyant les illustrations, j'ai réalisé que je faisais déjà beaucoup ». Cette remarque me plaît, car si les gens peuvent se sentir en confiance dans ce qu'ils font, j'espère qu'ils se sentiront à l'aise pour en faire encore plus !

Ce livre est à picorer. Je vous laisse essayer, tester, adapter ces petits et grands gestes, un à la fois, à votre rythme.
Le plus difficile n'est pas de les réaliser, mais de réussir à changer ses habitudes.

Une fois que l'on a plongé dans le changement, impossible de faire marche arrière ! Attention, vous risqueriez d'y prendre goût...

Marina Le Floch

SOMMAIRE

si tu le fais déjà, coche la case !

50. Récupérer les graines ☐
51. Le sapin de Noël fait maison ☐
52. Offrir de l'immatériel ☐
53. Emballer avec de la récup ☐
54. Acheter en vrac ☐
55. Mettre un pull ☐
56. Se démaquiller à l'huile d'olive ☐
57. Faire des boutures ☐
58. Les lingettes démaquillantes lavables ☐
59. Choisir l'électricité verte ☐
60. Remplir des bacs pour faire la vaisselle ☐
61. Récupérer les enveloppes ☐
62. Le balai en bois et en paille ☐
63. Signer des pétitions ☐
64. Faire pipi sous la douche ☐
65. Utiliser des mouchoirs en tissu ☐
66. Se soigner à l'extrait de pamplemousse ☐
67. Manger local ☐
68. Utiliser une messagerie respectueuse ☐
69. Mettre ses cheveux au compost ☐
70. Les peintures murales naturelles ☐
71. Le démêlant au vinaigre de cidre ☐
72. Les petits sacs en tissu pour le vrac ☐
73. Mettre une bouteille dans la chasse d'eau ☐
74. Interpeller les marques ☐

75. Remplacer l'essuie-tout par des tissus lavables ☐
76. Nettoyer les vitres avec du vinaigre et du papier journal ☐
77. Faire tremper les légumineuses ☐
78. Réparer au lieu de jeter ☐
79. Le nettoyant aux agrumes ☐
80. Donner une seconde vie aux meubles ☐
81. Réutiliser les caisses à vin ☐
82. Vider régulièrement sa boîte mail ☐
83. Se soigner à l'argile ☐
84. Garder son téléphone portable le plus longtemps possible ☐
85. Apprendre la permaculture ☐
86. Coudre des rideaux dans des anciens draps ☐
87. Rapporter les médicaments périmés à la pharmacie ☐
88. Acheter le miel à un apiculteur local ☐
89. Je m'engage ☐
90. Prendre des douches ☐
91. Utiliser des pailles en inox ☐
92. L'éponge tawashi ☐
93. Jamais sans ma gourde ☐
94. Récupérer l'eau de pluie ☐
95. Débrancher les chargeurs ☐
96. Semer des fleurs ☐
97. Conserver les restes dans des bocaux ☐
98. Le déo fait maison ☐
99. Organiser des ateliers zéro déchet ☐
100. Planter des espèces locales ☐

faire
les

1

Pour mes filles, **je récupère ou achète d'occasion leurs vêtements.** Et qu'est-ce qui casse en premier ? La fermeture éclair, pardi ! Alors, ça coûte assez cher de remplacer une fermeture (15 € pour une veste d'hiver enfant) mais, pour 15 €, ma fille repart tout l'hiver avec sa veste, et elle pourra aussi servir à un autre enfant.

Voilà, j'ai évité de **jeter une veste**, et d'en faire produire une autre pour nos besoins. Et en plus, j'ai fait marcher l'économie locale.

Et puis un jour, quand j'aurai du temps et que je serai devenue **un as en couture,** je les réparerai moi-même, les vêtements !

2

Manger bio, le plus possible, le plus que l'on puisse se le permettre, le mieux possible, le mieux que l'on puisse faire. C'est tout.

3

Fabriquer ses produits, et comme pour la soupe, savoir ce qu'on y met !
J'ai l'habitude de faire **un nettoyant universel** qui sert un peu à tout. **À base d'eau, de vinaigre blanc et d'huiles essentielles, et c'est tout !**

MA RECETTE DE NETTOYANT UNIVERSEL ☆☆☆

Pour 1 litre, il me faut
500 ml de vinaigre blanc,
500 ml d'eau et 20 gouttes d'huile essentielle de pin, de tea tree ou d'eucalyptus.
Je verse mes ingrédients dans un grand vaporisateur, et c'est prêt !
Il faut bien secouer avant chaque utilisation.

FAIRE ses Produits Ménagers

nourrir les vers
pas les incinérateurs

4

Eh oui, **même en appartement,** on peut donner à manger à des vers :-). Faire ses soupes maison, cuisiner beaucoup de légumes, c'est bien, mais ça fait pas mal de **déchets verts**. Et c'est idiot de les mettre à la poubelle. Certaines villes collectent les déchets ménagers, mais il est possible de faire son compost (au jardin, dans un vermicomposteur, dans un composteur de quartier). Le bonus ? On récupère un super engrais pour ses plantes !

Il y a quelques années, nous nous étions bricolés un vermicomposteur et il tournait du tonnerre ! Alors chez nous, **les déchets, ils allaient juste à la cave**. Maintenant, j'ai mon tas de compost au jardin.

Certains trouvent ça royalement dégoûtant, moi, ce que je trouve crade, c'est **d'envoyer des déchets naturels à l'incinérateur,** alors que leur compostage donne un **super beau terreau,** sans polluer : voilà une boucle respectueuse de la nature, tout simplement.

5

La publicité, c'est 12 kg de déchets dans ta boîte aux lettres chaque année ! Et tout finira à la poubelle (plastique, papier). Alors, pour éviter ce gaspillage, colle **un autocollant stop pub** sur ta boîte, elle t'en remerciera !
Certaines mairies le distribuent gratuitement, renseigne-toi !
Il est aussi téléchargeable sur www.ecologique-solidaire.gouv.fr/stop-pub.
Mais tu peux le fabriquer toi-même !

EFUSER
PUB
LA PUB

6

EMPRUNTER LES LIVRES, C'EST :

- ☆ éviter d'**encombrer** sa maison ;
- ☆ faire des économies ;
- ☆ **rencontrer** de chouettes personnes ;
- ☆ faire des **découvertes**…

Petite, j'ai vraiment eu de la chance que **ma mère nous amène régulièrement, ma sœur et moi, à la bibliothèque,** bien qu'à son grand désespoir, je préférais louer les bandes dessinées plutôt que les romans classiques.
Aujourd'hui, je suis ravie d'avoir deux filles qui se font une fête d'aller à la bibliothèque ! **J'y vais encore** un peu pour moi, mais je n'arrive pas forcément à prendre le temps de lire les livres empruntés... ça, c'est une autre histoire !

Sur feu doux,
Délayer
2 c.à.s. de Farine
et 1 c.à.c. de Sucre &
dans 2 ou 3 verres d'Eau.

7

Pour les **bricolages** des petits comme des grands, si on fabriquait **une colle qui se mange** ? Mais ce n'est pas bon, je te préviens !
J'ai trouvé la recette sur le site *Esprit Cabane*, il y a des années. Je cuisine cette colle en deux minutes et je la **conserve au frigo plusieurs jours**. C'est ultrapratique !

8

Trop de produits chimiques dans les shampoings !
J'utilise depuis plusieurs mois du **rhassoul**. Oui, de la terre (en fait, de l'argile) pour me laver. Je reste fidèle à ma terre et je ne regrette pas la mousse :-) !

9

Un grand classique, le sac en tissu. Mais il m'arrive encore de me retrouver sans, quand je fais quelques courses et que j'en ai besoin. Pourtant, **c'est simple d'en avoir un sur soi.** Et puis les sacs en tissu, ce n'est pas que pour les courses alimentaires, c'est aussi pour le shopping vêtements, brico... pour y mettre des choses propres et parfois sales, tu sais pourquoi ? Parce que **le sac en tissu, ça se laaaaave** !!!
Hé oui! Je dis ça car, une fois, un commerçant ne voulait pas mettre des pommes de terre dans un de mes sacs et souhaitait absolument me donner un sac en plastique.

10

Notre première fille a eu des biberons en plastique, sans BPA (bisphénol A), c'est le minimum. Mais **ils se sont vite dégradés**. Et j'ai su qu'un plastique abîmé et rayé pouvait transmettre des substances douteuses. Je mettais sur ces biberons des **tétines en silicone** parce que c'est ce que l'on trouve en phar-

OUI, MAIS ÇA COÛTE PLUS CHER ?

Oui, ça coûte plus cher. Mais comme **le verre est inusable** (sauf si tu le casses), tu en trouves facilement d'occasion. Moi, j'ai trouvé 5 bib avec tétines jamais utilisées pour 10 € en brocante.
Je dis : « Bingo ! »

OUI, MAIS LE VERRE, ÇA CASSE ?

Oui, et j'ai même lu un article expliquant aux parents débutants (et forcément débiles) que le verre, c'est hyper dangereux parce que… ça casse, et qu'après, ton bébé, il se vautre dans les bouts de verre et il fait une hémorragie !

Alors, pour remettre les pendules à l'heure :

☞ nous avons cassé des biberons, et quand je dis, nous, il s'agit du papa et de moi ;

☞ nous avons cassé l'anneau en plastique qui retient la tétine, sans casser le biberon en verre. Ça, c'est le papa, il est super fort pour faire des trucs de ouf ;

☞ mais quand nous cassons du verre, nous éloignons les enfants et ramassons rapidement (comme tout le monde, non ?).

macie et qu'on dit que c'est ce qu'il y a de mieux. Seulement, une fois que le bébé a des dents, les tétines, tu peux les changer souvent ! Pour notre deuxième fille, nous avons pris des **biberons en verre** et des tétines en caoutchouc **qui sont inusables**.

11

Chez nous, le dimanche, c'est le marché, et le dimanche midi, c'est la **soouuuuupe** ! ! Voui, voui, de la soupe faite avec des vrais légumes que l'on découpe, cuit et mixe, le tout avec nos petites mains. Et que l'on conserve pour les jours à venir dans... des bocaux en verre, cela va de soit ;-).

boire de la soupe maison

BOÎTE à LIVRES

12

Une boîte à livres, c'est une boîte, une **étagère** ou un **bac qui est placé dans l'espace public.** On y dépose ou on prend des livres. Les livres voyagent, reviennent parfois.
C'est un bel exemple de **partage** et de **gratuité**.
Il y a une boîte à livres près de chez moi. Ça roule, ça tourne et je ne l'ai jamais vue être dégradée. J'ai déposé des livres et j'ai aussi fait de belles trouvailles !

Adopter le savon SOL

13

Finito les flacons à jeter ! Et en plus, tu savais, toi, que l'on retrouve de **petites particules de plastique** dans le gel douche et d'autres produits cosmétiques ?
Et ces microbilles, tu les retrouveras un jour ou l'autre… dans le **poisson**, dans l'**eau** que tu bois…
Alors vive le **savon solide !**

14

Offrir de l'occasion ? **Et pourquoi pas** ?
Il y a de l'occasion qui ressemble à du **neuf**, de l'occasion qu'on n'aurait jamais pu acheter en neuf, de l'occasion qui rappelle des **souvenirs**, de l'occasion tellement d'occasion que ça en devient une **antiquité**.
Alors oui, vive l'occasion !

OFFRIR
de
l'OCCASION

15

S'essuyer la bouche avec des serviettes en tissu

Chez nous, il n'y a plus de Sopalin® (en français) ou d'essuie-tout (en belge). À table, on s'essuie la bouche – les mains, le visage, la table, le t-shirt pour les enfants – **avec des serviettes en tissu.**

J'ai de belles serviettes que l'on sort quand on a des **invités** (comme chez mémé), et puis des **serviettes de tous les jours.** En fait, il s'agit de **langes** que nous avons beaucoup utilisés pour nos filles.

POWER
Vinaigre

16

Le **vinaigre blanc** est devenu l'un des **principaux ingrédients pour le ménage** chez nous. On peut l'utiliser dans de multiples domaines.

PAR EXEMPLE :

- Verser une tasse de vinaigre le soir **dans les toilettes**, laisser reposer. Le lendemain, brosser, et… c'est propre !
- **Détartrer** la bouilloire ou la cafetière.
- **Nettoyer les vitres** en vaporisant du vinaigre dilué dans de l'eau. Sécher avec du papier journal.
- **Vaporiser** un mélange constitué de vinaigre, d'huiles essentielles et d'eau **pour nettoyer la cuisine et la salle de bain.**
- **Enlever les odeurs de peinture** en chauffant du vinaigre et en plaçant la casserole dans la pièce.
- **Remplacer l'adoucissant du linge** par une tasse de vinaigre versée dans la machine lors du dernier rinçage.

17

J'ai abandonné le **sacro-saint indispensable Coton-Tige®** que l'on jette dès que l'on a fini de l'utiliser ! De toute façon, il sera bientôt interdit à la vente, autant changer maintenant ! Alors concrètement, c'est quoi un **cure-oreille** ? C'est un ustensile en plastique, en Inox (il y en a aussi en bambou) avec

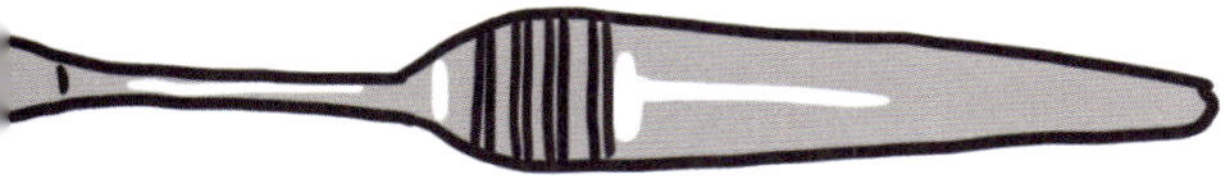

Se laver les oreilles avec un cure-oreille...

lequel on retire le cérumen. On essuie ensuite les « saletés » sur une lingette lavable.

Ça empêche le développement des **bouchons d'oreilles**, ça **désencombre** la salle de bain (et l'esprit : plus besoin de penser à acheter de quoi se nettoyer les oreilles) et ça **réduit les déchets.** Tout bon !

18

En ce moment, je suis **flexi-végétalienne**, c'est-à-dire que je ne mange presque plus de laitages ni d'œufs.
Être végé est un choix que j'ai fait il y 10 ans. Le déclic était le visionnage d'un reportage en caméra caché dans un abattoir de Bruxelles. C'était un **choix éthique** dans un premier temps, mais c'est vite devenu un **choix écologique**. Quand on sait que l'**élevage est responsable de plus de 15 % des émissions de gaz à effet de serre** (plus que les transports) et de la **déforestation**, ça motive !
Alors, je ne peux pas sauver la planète et tous ses habitants, je n'ai pas la capacité de révolutionner nos sources d'énergie, mais **changer mon alimentation, ça, je peux** (même si ce n'est pas évident ni facile tous les jours).

19

De l'**huile** à la place de la crème, et même de l'**huile alimentaire** de temps en temps. Les huiles, il y en a pour tout le monde : l'huile d'**avocat** pour les peaux « matures », l'huile de **jojoba** pour les peaux grasses, l'huile de **sésame** pour les peaux sèches, l'huile de **chanvre** pour les peaux mixtes.
Et on peut les booster avec **quelques gouttes d'huile essentielle d'ylang-ylang**, par exemple.

20

Avant, j'**avais** des élastiques, avant, je les **perdais**, avant, je **rachetais** des élastiques.

Maintenant, je ramasse les élastiques perdus dans la rue.
Maintenant, je les lave, et j'en perds toujours, mais je n'en rachète plus ! Fini le gaspillage, fini les emballages.

Et maintenant, j'ai une fille qui a des élastiques et qui ramasse aussi les élastiques perdus.
Si tu commences à te focaliser sur les élastiques perdus, tu verras que tu en trouveras souvent !

Utiliser le verso des feuilles imprimées

21

Ha, ben oui, j'ai failli l'oublier, celui-là !
Travaillant dans un bureau, je récupère les feuilles imprimées. Je les utilise comme **brouillons**, comme **pages de croquis** (comme pour les recherches d'illustrations pour les gestes écolos par exemple), j'en donne à l'école et, surtout, j'en refile à mes filles qui sont d'une créativité débordante !

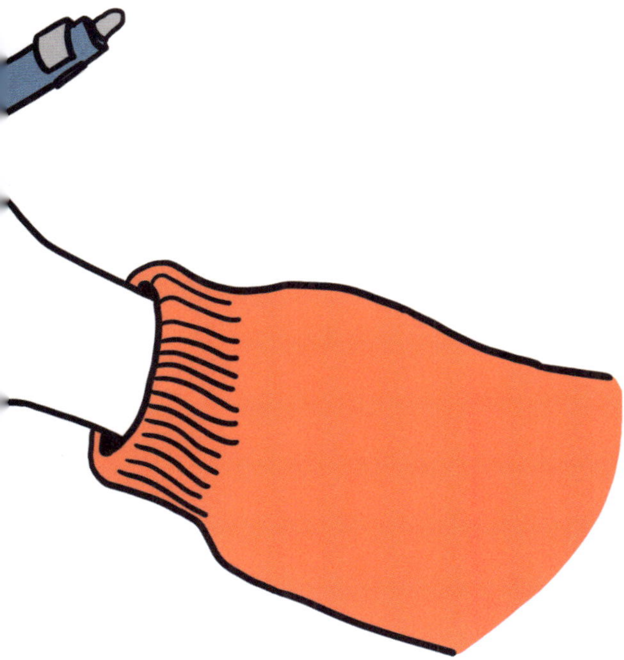

22

Oui, oui, oui, je sais je l'ai déjà dit mais bon, je ne pouvais pas faire l'impasse ! Si jamais quelqu'un ne savait pas encore que je « cuisine » ma lessive… Alors donc, ça fait des années que je le fais. Comme pour tout le reste, je ne suis pas parfaite, il m'arrive encore (mais de moins en moins) d'acheter en dernière minute un bidon de lessive.

Mais, à la question, **est-ce que ça lave ?** Je dis **oui** ! **Est-ce que ça lave aussi bien que les lessives caca-beurk** ? Je dis non ! ! Ha mince hein !

RECETTE

☆ 3 l d'eau

☆ 150 g de savon de Marseille en copeaux

☆ 150 g de cristaux de soude

☆ 6 cuillerées à soupe de bicarbonate de soude

☆ Huiles essentielles

Diluer le savon dans 1 l d'eau chaude.
Laisser « cuire » 5 à 10 min.
Hors du feu, ajouter les cristaux de soude, le bicarbonate et le reste d'eau (froide).
Mixer et ajouter 1 ou 2 cuillerées à café d'huile essentielle.
Bien secouer avant chaque utilisation !

Alors, les **taches de chocolat, de vin rouge, de framboise,** tu oublies. Ça ne part pas sans détacher au préalable (et détacher n'est pas ma tasse de thé). Et il faut dire aussi que le linge blanc perd de son éclat. Alors, pour remédier au problème, de temps en temps, je laisse tremper le linge blanc une nuit dans une bassine, dans de l'eau très chaude, avec une ou deux cuillerées à soupe de percarbonate de soude.

Nous avons un bidon de lessive cracra en cas de salissures tenaces ! Pourquoi je raconte ça ? Pour te dire que, **si tu adoptes le mode de vie écolo, fais-le du mieux que tu peux, mais que tu peux dévier de la route de temps en temps, *no stress*.** Si tu aimes avoir du linge blanc blanc, alors réserve la lessive maison pour le linge de couleur. Ce n'est pas parfait, mais c'est déjà ça.

MON ASTUCE POUR BLANCHIR LE LINGE SANS PRODUIT ?

Verser un verre d'eau de Javel dans le tambour… naaaaan, je rigole ! **Faire sécher son linge au soleil blanchit le linge.** J'ai pu le constater sur les couches lavables qui ressortaient de la machine avec des taches jaunies (*doux souvenirs du caca du nourrisson allaité...*). Au soleil et hop, parti ! Mais ça, c'était quand j'habitais un appart avec un balcon bien orienté (et puis le soleil en Belgique… hum).

HOP!

23

Quand j'ai commencé à **désencombrer** chez moi il y a 7 ans, **je ne savais pas que je ne verrai jamais la fin** ! ! Si mes affaires personnelles ont bien diminué, elles ont vite été remplacées par celles des enfants. Mais je trouve que ça va, on gère. J'ai l'impression d'avoir encore beaucoup d'affaires, alors que j'en ai 2 fois, voire 3 fois moins. Désencombrer, c'est écolo parce qu'**on réduit sa consommation, on utilise les mêmes choses pour différentes tâches (surtout en cuisine). On réfléchit avant d'acheter.**

Désencombrer, oui, mais **sans en faire trop** ! Je lis parfois des blogs de minimalistes qui jettent tout d'un coup, directement à la **poubelle**, sous prétexte qu'ils n'ont pas le temps ni l'énergie de donner. Cela a tendance à me hérisser les poils !

24

Quand on arrive à économiser, c'est bien, **placer son argent dans une banque éthique, c'est mieux** ! Ouvrir un compte épargne dans une banque comme Triodos, c'est super facile.
Et super éthique : tu sais à quoi est utilisé ton argent, pas de risque de financer des armes ou de l'esclavage moderne.
J'attends avec impatience qu'ils ouvrent des **comptes courants** ! En France, il est possible de faire un choix, en consultant par exemple les sites lesamisdelaterre.org ou fairfinance.org.

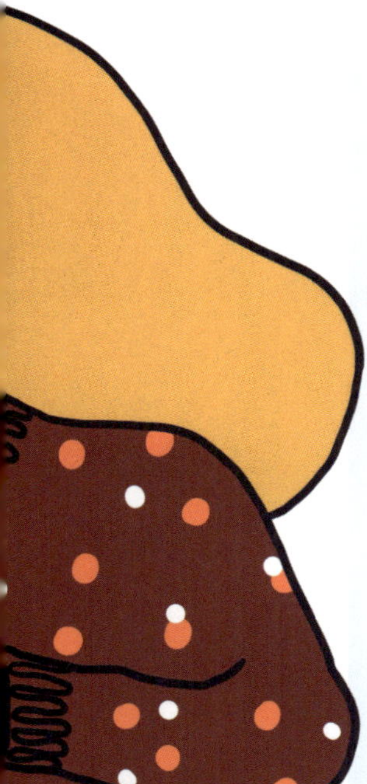

PLACER son Argent dans une banque ÉTHIQUE

mon caf
à
l'ita

25

Pas de filtre jetable, pas de pad (dosette souple), pas de capsule : **du café et c'est tout**. L'écologie à l'état brut ;-). Avant, nous avions une cafetière électrique traditionnelle avec des filtres, mais elle ne convenait plus à nos besoins. Nous l'avons donnée et avons ainsi libéré de la place !
Moi, je prends mon **café noir**, sans sucre, sans lait, mais je ne refuse jamais un petit bout de **chocolat**.

26

Une petite astuce maquillage de Béa Johnson, auteure du site et du livre *Zero Waste Home* : appliquer du **chocolat en poudre** sur les **paupières** pour les ombrer.
Magique : ça fonctionne !

du chocolat sur les Paupières

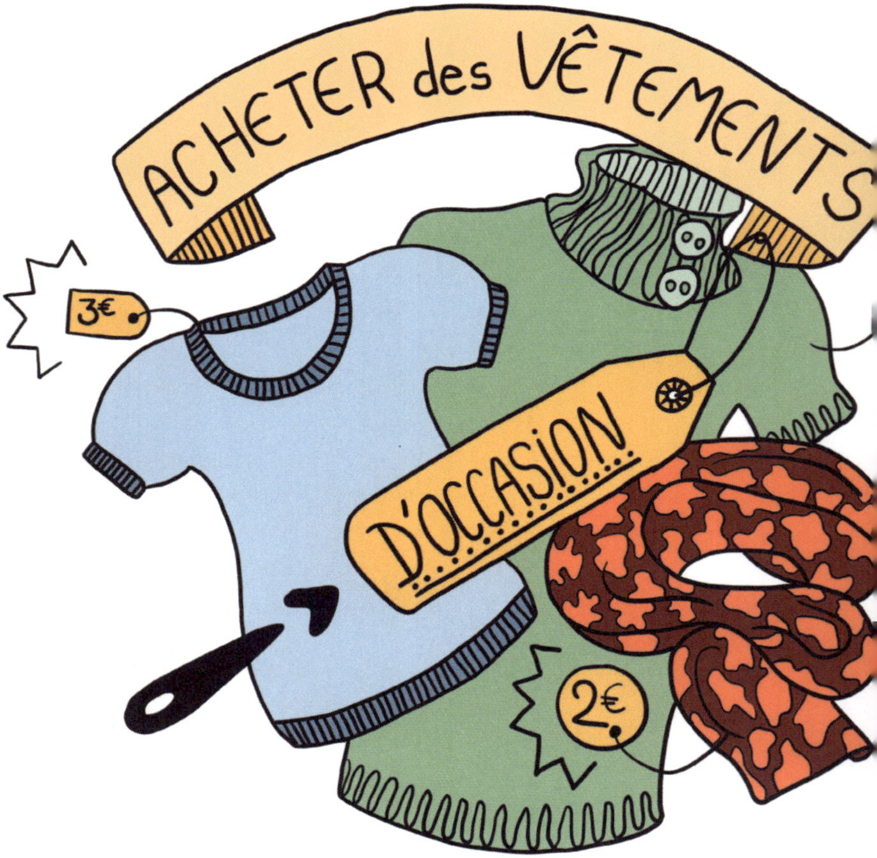
ACHETER des VÊTEMENTS
D'OCCASION
3€
2€

27

J'achète très peu souvent **du neuf** ! C'est assez facile pour moi, car **j'achète très peu souvent tout court des vêtements** ;-)). Je me fournis dans les **magasins de seconde main**, auprès des **copines**, dans les **brocantes**, sur le **Web**. Quand on a l'habitude d'acheter d'occasion, on devient surpris du coût des vêtements neufs et de la mauvaise qualité des vêtements à petit prix.

Acheter d'occasion me permet aussi de me payer de **très bons vêtements à un prix très intéressant.**

Une autre raison d'acheter d'occasion ? **On réduit ses déchets,** car on évite toutes les étiquettes et les emballages qui vont avec les vêtements neufs.

Privilégier les BOCAUX et les BOUTEILLES en verre

28

Nous avons un **ouvre-boîte**, quelque part chez nous…
Ça fait un moment qu'il n'a pas servi ! À la place des conserves, on essaye d'acheter au maximum les aliments en bocaux. Parce que **le verre est recyclable à l'infini** et que c'est **le contenant le plus sain** que l'on puisse trouver. Dans les canettes et les conserves, on retrouve du bisphénol A (un perturbateur endocrinien). Interdit à différentes dates et pour différentes utilisations selon les pays, la dangerosité du bisphénol A n'est pas clairement définie.
Dans le doute et par principe de précaution, je préfère m'abstenir et je prends du verre ! !

29

Quand je suis arrivée en Belgique, j'ai découvert une pratique d'un autre temps : **la consigne** !!
Hé oui, les Belges ont raison, ils n'ont pas abandonné la consigne ! Je voyais les gens revenir au supermarché avec leurs casiers de bières et les déposer dans une machine qui leur donnait un **ticket** en échange (avec un montant à déduire à la caisse sur les achats suivants). Au magasin bio, la plupart des jus sont dans des bouteilles consignées. Mais les bouteilles ne le sont pas toutes. Il faut bien regarder sur l'étiquette (parfois c'est vraiment écrit en tout petit). Le verre est **recyclable à l'infini**, mais c'est encore mieux quand il faut juste le nettoyer !

BOIRE L'EAU
Robin

30

Remplir les **gourdes** avec l'eau du robinet avant de partir en **balade** ! ! Remplir les **verres** avec l'eau du robinet avant de **passer à table**.
Des petits gestes devenus systématiques sauf, sauf... quand je suis en Bretagne, dans mon pays natal, où je bois l'eau en bouteille des locaux ! C'est un comble, non ? L'eau du robinet serait trop polluée.

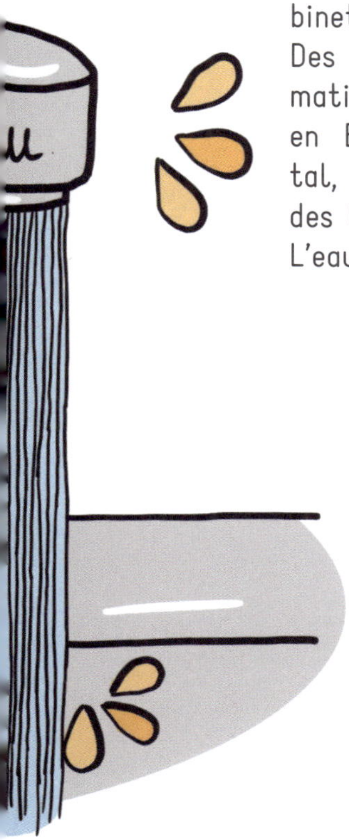

31

Après avoir bu mon **café**, direction la salle de bain pour me faire un **peeling** avec le **marc de café** que j'ai récupéré. C'est top pour avoir la **peau toute douce**.
Si on veut, on peut le mélanger avec un peu **d'huile d'olive**.
Avec mon rhassoul sur la tête, c'est qui la plus sexy ? ?

Peeling au marc de Café

32

Oui, oui, **elles coûtent plus cher**, mais qu'est-ce qu'elles durent **longtemps** ! !

On a tout à gagner avec les ampoules basse consommation.

Vive · les · Donneries

33

Avant mon déménagement, j'ai beaucoup **désencombré**.
Au lieu de jeter ce que j'avais mis de côté, je l'ai **donné**. J'ai principalement utilisé un groupe Facebook local. Pratique et assez rapide. **En plus, on fait de chouettes connaissances dans son quartier !**

34

Les **factures**, la **musique**, les **documents administratifs**… je numérise au maximum et je demande le plus souvent possible la version numérique. **Gain de place et de temps :** c'est plus rapide quand il faut rechercher l'info. Et aussi, un confort visuel amélioré ! Pour éviter la pollution numérique, il est préférable de stocker les documents sur son ordinateur ou un disque dur externe plutôt que sur un cloud, sans oublier de faire des sauvegardes régulières.

35

Bon, ok, c'est du lourd là.
On dit qu'il faut 5 ans pour voir aboutir un projet d'habitat groupé. Ce n'est pas vrai, il nous en a fallu 4 ½ !

Une aventure rocambolesque !
S'installer en habitat groupé, c'est toute une aventure. **Cent fois, nous nous sommes demandés si nous suivions le bon chemin,** cent fois nous avons songé tout abandonner. Nous avons frôlé l'épuisement et mis nos nerfs en pelote.

Nous nous sommes heurtés à des murs, des craintes, des malentendus à chaque étape, de tous côtés.
Mais une fois installés... **c'est comme si tout cela s'était dissipé**. Voilà, nous pouvons souffler, **nous y sommes presque,** car d'autres problèmes nous attendent.

MOBILITÉ ET CAMPAGNE

Le seul impact négatif est **l'utilisation accrue de la voiture.** Nous avons choisi d'habiter à la campagne, mais avions encore nos habitudes de **citadins** : avoir les **magasins** à deux pas et acheter au fur et à mesure, bref, **ne pas savoir stocker**. Et puis comme nous faisons beaucoup de travaux par nous-mêmes, et que nous sommes des apprentis bricoleurs, nous ne comptons plus nos navettes aux magasins de bricolage !
Une organisation, un changement d'habitudes et des recherches d'alternatives quand c'est possible (train, vélo) devraient nous amener à une **utilisation responsable de la voiture !**

EN QUOI EST-CE ÉCOLO ?

Si la construction n'a pas été aussi écologique que nous l'aurions souhaitée (pour des raisons financières), **cet aspect est (ou sera) présent dans notre mode de vie** avec une consommation plus locale, le partage des gros achats (tondeuse, outils, système de chauffage, citerne...), le covoiturage, l'utilisation de l'eau de pluie ...

récurer au bicarbonate

36

Tout est dans le titre. **Depuis longtemps, nous avons supprimé quasiment tous nos produits nettoyants cracras.**
Un des classiques des ingrédients écolos, c'est le **bicarbonate de soude**. Je l'utilise pour récurer le lavabo, la douche, l'évier. Saupoudrez sur une éponge humide et frottez. C'est tout !

Les mamans allaitantes connaissent sûrement les **coussinets d'allaitement jetables**. J'ai préféré la **version lavable** afin de **réduire considérablement les déchets.** Maintenant que je n'allaite plus, je les utilise comme **lingettes démaquillantes**.

37

Coussinets d'allaitement LAVABLES

38

Hé oui, un petit geste tout simple que l'on oublie facilement pourtant ! Pour économiser de l'énergie en cuisine, **il suffit de mettre des couvercles sur les casseroles** quand on cuisine:-) (une économie de 30 à 70 % d'énergie ! sans compter l'économie de temps).

METTRE des Couvercles sur les CASSEROLES

RAMASSER 1 DÉCHET par jour

39

J'essaye le plus possible de ramasser un déchet par jour, c'est ma part du colibri. Naïvement, je pensais que je ne serai plus confrontée à tous ces déchets par terre en allant habiter à la campagne… **Dans les bois, sur les chemins, dans les champs, les gens jettent de tout et n'importe quoi. C'est râlant.**
Ramasser les déchets des autres, ce n'est pas très glorieux, mais c'est utile, très utile.

40

Il faut que je te raconte l'histoire de **ma poêle en Inox.**
Je suis convaincue des dangers du Téflon®, mais le prix des poêles en Inox de bonne qualité me rebutait un peu. Et puis un jour, j'ai pris mon courage à deux mains et je me suis dit : **« Aujourd'hui, je me la paye !! »** Me voilà donc dans un très bon magasin de cuisine à Bruxelles, et là je la vois : Inox 18/10, fabrication allemande et en solde ! **En solde, ok, mais quand même à 120 €.** 120 €, punaise, j'ai pas l'habitude... Je jette un coup d'œil à gauche... je découvre qu'il existe des casseroles à 1 000 €. Hum...

La vendeuse me conseille et me préviens quand même que « l'Inox, ça colle » (oui, merci, je me suis renseignée). Après trois quarts d'heure d'hésitation, je me lance et passe à la caisse. La vendeuse me rappelle que « l'Inox, ça colle » et me donne des conseils pour cuire la viande, à moi, la végétarienne. **Et là je me demande si je ne me fais pas avoir à payer 120 € pour une poêle qui colle...**

Hé bien non ! Après des mois d'utilisation, je peux te dire que **j'en suis ravie !** Non seulement elle est belle (si, si je te l'assure) mais, en plus, elle ne colle pas tant que ça. J'ai même réussi à faire des **steaks végé dedans** et l'homme de la maison a réussi à y faire une omelette ! Te rends-tu compte ?
Alors oui, c'est cher, mais ma poêle, **elle est inusable.** Je pourrai même la refiler en héritage à mes filles ;-). Elle est **saine pour ma santé.**

Il nous manquait quand même une autre poêle et j'en ai rachetée une. À 20 € cette fois-ci (faut pas exagérer). Elle colle un peu plus, on voit bien que ce n'est pas la même qualité, mais elle reste facile d'utilisation.

Même si **nos biens matériels se réduisent**, nous avons besoin de meubles. Jusqu'ici, nous avions essentiellement des meubles facilement démontables, ce qui est très pratique quand on déménage. Mais maintenant, soyons honnêtes, nous avons envie de **beaux meubles**.

41

ACHETER des MEUBLES d'occasion

Pour réduire les coûts, je **fouille**, je **patiente** et enfin… je trouve. Se meubler d'occasion, c'est **éviter une nouvelle fabrication, l'utilisation de matières premières, les transports, les emballages**… De plus, normalement, les meubles d'occasion **ne contiennent plus de substances volatiles.**

42

Dans ma maison en bois, ma brosse à dents en plastique fait tache. Ça faisait longtemps que je lorgnais sur un modèle plus écolo, **avec un manche en bois**. Mais je n'arrivais pas à passer le cap d'utiliser une brosse avec des véritables soies, c'est-à-dire en poils d'animaux. Je me suis donc résolue à en prendre une avec des poils en synthétique. Il me reste donc encore un peu de plastique, mais tout le reste est **compostable**.

Brosse à Dents en BOIS

Il y a aussi l'option de la brosse à dents avec les têtes que l'on peut remplacer et j'en avais déjà acheté une, mais je n'avais jamais retrouvé les brosses à changer… dommage.
Et toi ? Si tu utilises une brosse à dents traditionnelle, ça te dirait de passer au bois ?

ZEN
SOUPE
TR

43

Oups, ce geste-là m'est tellement **évident** que j'ai failli l'oublier ! !

44

TOILETTE Sèche

Donc, nous avons **deux toilettes** (c'est super intéressant ma vie hein ?) : **une mouillée et une sèche.**

Pour faire notre toilette, on a fait **archi-simple**. J'ai d'abord traîné un millier d'heures sur Internet pour **savoir comment faire** et comment ça fonctionnait et, au final, on a mis une planche de la largeur de la pièce sur des tréteaux, percé un trou, fixé une lunette de toilette, et placé un **seau alimentaire** acheté moins de 8 €.

Voilà et ça fonctionne très bien ! Pour la **sciure**, on la récupère chez un menuisier pas loin de chez nous qui est ravi de nous la refiler, vu que, normalement, il paye pour s'en débarrasser. Le stock est à l'extérieur dans un grand sac hermétique et, à l'intérieur, nous la rangeons dans un bac en bois sur roulettes sous la planche.

45

Pour **laver les fesses de nos bébés**, nous avons utilisé du **liniment fait maison** et des **lingettes lavables** cousues maison (oui je sais, j'exagère...). Je souhaitais mettre le moins possible de produits transformés sur la peau de bébé, et générer le moins possible de déchets. Le liniment se vend (cher) en pharmacie ou en magasin bio, alors qu'il est très facile à réaliser.

Pour les lingettes, stop aux poubelles remplies de cotons jetables ! ! Il existe plusieurs **alternatives** :

☞ **les coudre soi-même** avec des tissus de récupération : une face tissu imprimé, l'autre face essuie de toilette (ce que j'ai fait et qui convenait parfaitement) ;

☞ acheter en **magasin bio** des lingettes lavables (j'en ai testées, mais elles ont duré moins longtemps que les faites maison, et toc !) ;

☞ découper des **rectangles dans du tissu polaire** (pas besoin de coudre) ;

☞ tout simplement utiliser un **gant de toilette**.

46

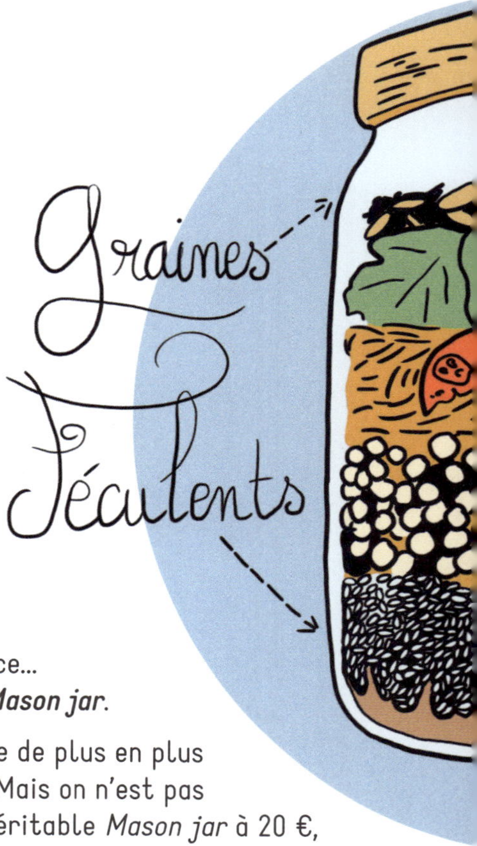

Il paraît que c'est tendance…
et ça a même un nom : le ***Mason jar***.

Tant mieux. Ainsi, on trouve de plus en plus de recettes sur Internet. Mais on n'est pas obligé d'investir dans un véritable *Mason jar* à 20 €, un **simple bocal récupéré** fait très bien l'affaire. Je trouve cette façon de préparer la salade pratique, bonne et, cerise sur le gâteau, c'est très joli. L'idée est de **placer tous les composants de la salade** dans un même bocal, **par couches**. Les aliments sont ainsi placés dans un contenant hermétique. Au moment du repas, il ne reste plus qu'à secouer le bocal !

Voici une version végétarienne déclinable à l'envie ! On y trouve :

☞ de la **sauce** ou de la **vinaigrette**. Elle doit être au fond, pour éviter de rester trop longtemps en contact avec la salade verte.

☞ des **féculents** : du riz, des pâtes, de la semoule…
☞ des **légumineuses** : des lentilles, des pois chiches…
☞ des **légumes** : des carottes râpées, des poivrons, de la salade, de l'avocat…
☞ des **petits bonus**, comme des graines germées ou non germées, des épices, des croûtons…

Pour gagner du temps, le mieux est d'utiliser les **restes de la veille**. Si on préfère manger chaud, il est facile de décliner la recette avec des aliments à réchauffer. **Et rien n'empêche d'acheter un sandwich de temps en temps, parce que personne n'est parfait, et surtout pas moi** !

47

J'achète rarement des **vêtements neufs**, je préfère les acheter d'occasion.
Quand j'achète du neuf, je préfère les **vêtements éthiques**, en matières naturelles et dont le mode de fabrication **respecte l'être humain et l'environnement**.

FAVORISER les MARQUES éthiques

Bien sûr, ces vêtements sont plus chers que ceux trouvés dans les grandes enseignes connues, mais je m'y retrouve financièrement, puisque mes vêtements achetés en seconde main ne me coûtent pas grand-chose ! Sur la **plateforme** SloWeAre, un moteur de recherche permet de trouver des marques éthiques autour de chez soi : pratique, non ?

48

UTILISER des moteurs de recherche “Verts”

Chaque recherche sur Google génèrerait **7 grammes de CO^2**. Il s’effectuerait plus de **200 millions de requêtes par jour** sur le moteur de recherche Google.

Il existe d’autres moteurs de recherche ! Ecosia, par exemple, s’engage à planter des arbres grâce à ses revenus publicitaires. Lilo finance des projets sociaux et environnementaux.

Il suffit de suivre la procédure pour les installer sur ton navigateur.

49

Oui, voter ! !
Voter pour **s'exprimer**, pour se faire **entendre**. Voter, pas seulement en mettant un bulletin dans une urne, mais aussi avec notre argent ! **Consommer, c'est voter !**

RÉCUPÉRER les graines

LES PLANTES QUI SE RESSÈMENT FACILEMENT

Pour les légumes : la carotte, la scarole, les épinards, les haricots, la laitue, la mâche, le persil, l'aneth, la ciboulette, la coriandre…
Pour les fleurs : la capucine, le cosmos, la giroflée, la nigelle de Damas, l'ipomée, l'œillet de poètes, le souci, le pavot, le tournesol…
On fait **sécher**, on **stocke** dans des enveloppes ou des petits sachets bien étiquetés et, au printemps suivant, c'est parti pour les semis !

50

C'est tellement facile de récupérer les graines ! Il suffit juste d'attendre le bon moment et la nature nous les offre. Pour cultiver son potager, sur un balcon ou sur un terrain, pour fleurir sa terrasse, quoi de mieux que de récupérer les graines ? Et ensuite, on échange, on redistribue.

51

Sapin de Noël

Pas envie que ça sente le résineux à la maison ? Marre de ramasser les épines ?

La solution est le faux sapin, mais par pitié, pas en plastique ! Alors, comment faire quand on n'est ni le roi ni la reine de la découpe de palettes et que l'on manque de place ? Voici une petite sélection de **sapins plats en volume, mais hauts en originalité** :

☞ **le sapin en carton**. **Découper** une forme de sapin dans du carton (plus ou moins grand, selon l'espace disponible). **Fixer** le sapin au mur avec du papier collant double face ou des punaises. Il suffit de laisser libre cours à son imagination pour le **décorer** : collages, peinture, dessin...

☞ **le sapin en ruban adhésif fantaisie.** Effet minimaliste garanti ! Pas encombrant, peu de déchet, facile à mettre en place, bref tout pour plaire. Le seul truc agaçant, c'est que certains *masking tape* ne tiennent pas forcément longtemps en place : passer quinze jours à recoller l'adhésif (c'est du vécu !), on s'en lasse…

☞ **le sapin dessiné à la craie.** Repeindre un pan de mur avec de la peinture à tableau noir et dessiner le sapin dessus. Et lorsque Noël sera passé, effacez-le et remplacez-le par d'autres dessins, accompagnés de quelques lettrages par-ci par-là, selon vos compétences artistiques, pour une déco ultra-tendance !

52

Le top du **minimalisme** ! Un cadeau qui ne se touche pas, qui ne se range pas, qui ne se nettoie pas... **l'antithèse de la babiole**. Un cadeau aussi très **pratique à transporter** quand on fête le réveillon avec toute la famille à l'autre bout de la France, et que l'on s'y rend en train.

Voici quelques idées : un instant bien-être ou beauté, un abonnement ou une formation en ligne, un soutien à une cause (dons aux ONG, etc.), une visite guidée dans un musée, un spectacle, un repas, des graines à planter... un saut à l'élastique ?

Et quitte à casser les codes, pourquoi ne pas offrir un cadeau immatériel qui ne coûte pas un kopeck ? Pour cela, il faut faire appel à ses **talents**. Et tout le monde en a ! On peut proposer à des jeunes parents de **garder leurs enfants une soirée** (attention : ceci est un message subliminal) de faire **découvrir un lieu ou une balade** que vous adorez ou de **partager des techniques** créatives, culinaires, artistiques ou de bricolage (par exemple : faire un sapin en palette, ça peut servir pour l'année prochaine).

Offrir de l'immatériel

Tout au long de **l'année,** récupérez tous les **matériaux** qui pourraient vous servir en décembre.

Pour l'emballage : tous les jolis papiers, les vieilles affiches, les tissus, les anciennes cartes routières, les petites boîtes de différentes formes, les œuvres des enfants qui s'entassent dans les tiroirs... L'emballage lui-même peut être un cadeau, avec l'utilisation d'un foulard.

Et pour les décorations : la ficelle, la laine, les rubans, les éléments naturels (feuilles, brindilles,

53

emballer avec de la RÉCUP

petites pommes de pin…), les jolies images à découper. Il est possible de dessiner, de peindre et de coller directement sur l'emballage. Un seul mot d'ordre, la **créativité** ! Et on en a bien besoin pour déstresser en cette fin d'année !

54 Acheter

J'ai commencé à **acheter en vrac** il y a un bon moment, petit à petit. Mais la première fois que je me suis retrouvée dans un magasin de vrac, j'ai dû demander des **explications**, je n'étais pas très à l'aise.

Maintenant, c'est au supermarché que je ne suis plus à l'aise ! Le vrac me permet de beaucoup mieux **contrôler ce que j'ai dans le placard**, et puis c'est beau, tous ces bocaux !

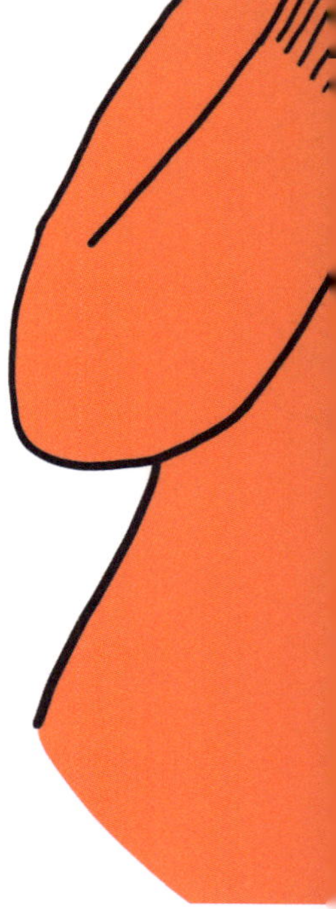

55

En Belgique, il fait froid… jusqu'à avril au moins, alors le chauffage, il fonctionne beaucoup…

Alors au lieu de vivre dans une glacière pour des raisons écologiques, je diminue un peu le chauffage et je mets un pull !

56

Se démaquiller à L'HUILE d'OLIVE

Un petit geste tout simple :
virer le **démaquillant chimique** et
le remplacer par de **l'huile d'olive.**
Oui, vraiment, ça démaquille !
Un petit **rinçage à l'eau** et au **savon**
(on n'oublie pas de fermer les yeux) et
voici un démaquillage 100 % écolo !

57

Multiplier les plantes
pour une invasion de verdure !
Qu'elle soit d'appartement
ou d'extérieur, une plante,
c'est facile à bouturer.
On **coupe**, on met dans un **verre d'eau** et on **attend**. Parfois,
ça fonctionne, parfois pas...
Mais, le plus souvent, de petites **racines** apparaissent rapidement. Ainsi, on est certain de la provenance et qu'il n'y a pas d'engrais chimique.
Et elles n'ont pas parcouru des kilomètres pour arriver chez toi.

Faire des Boutures

58

Lingettes démaquillantes lavables

J'expliquais que je prenais de l'huile d'olive comme démaquillant. Parfois, je l'applique directement avec les doigts, parfois j'utilise des **lingettes démaquillantes lavables**.
J'en ai quelques-unes cousues, mais la plupart sont… mes **anciens coussinets d'allaitement** ! ! Je n'en ai plus besoin, ils sont propres, en bon état et en coton bio, je les ai donc **reconvertis** !
Chez moi tu trouveras quand même du coton jetable pour désinfecter les petits bobos, mais notre consommation s'est réduite à un paquet tous les 3 ou 4 ans !

59

L'électricité, on en a besoin, alors **autant qu'elle soit la plus propre possible**. Il faut privilégier un fournisseur d'électricité **qui investit tous ses bénéfices dans l'énergie renouvelable,** car ce n'est pas toujours le cas.
À vérifier régulièrement, avec Greenpeace par exemple (en France sur www.guide-electricite-verte.fr, en Belgique sur monelectriciteverte.be), car cela change...

60

Un tout petit geste : quand on n'a pas de lave-vaisselle, au lieu de faire la vaisselle sous l'eau qui coule, on remplit **un bac pour le lavage et un bac pour le rinçage**. Une solution ultrasimple pour économiser de l'eau !

Remplir
DES BACS
pour faire la
VAISSELLE

Quand je reçois du courrier dans des **belles et grandes enveloppes**, je n'arrive pas à les mettre directement à la poubelle ! Je les récupère, je leur refais une **petite beauté** et je les réutilise !

61

Récupérer les enveloppes

62

Dans **ma maison en bois**, avec ma **brosse à dents en bois**, j'ai aussi un **balai en bois** (et paille), tout comme la balayette.

Dehors le plastique ! Je viens de racheter une nouvelle brosse, l'autre, je l'avais depuis plus de 10 ans !

BALAI en bois et en paille

63

Il y en a qui disent que cela ne sert à rien, moi je pense que, **quand on a une occasion de s'exprimer, on la prend !**

SIGNER
des Pétitions

FAIRE PIPI
Sous la douche

64

Oui, pour faire passer des messages, il faut oser dévoiler de son **intimité** ! Et rien ne m'arrête quand il s'agit de me battre pour la planète (mode mytho ON). Je fais partie de ces zozos qui font **pipi sous leur douche**.

Pourquoi donc ? Pour économiser de l'eau ! ! Un rapide calcul : **une chasse d'eau = 6 litres**. Disons que je prends **320 douches par an** (oui, en plus je ne prends même pas des douches tous les jours), ça nous fait **1920 litres d'eau** économisés par an. Et si ça te dégoûte vraiment ? Sache que l'eau utilisée dans tes toilettes est la même que celle dans laquelle tu cuis ton riz ;-).

65

Utiliser des mouch

Cela fait plusieurs années qu'à la maison, on utilise **des mouchoirs en tissu**. Oui, oui, comme au bon vieux temps. **Diminution des déchets garantie** !

Alors, il y a les gens qui sont pour, les gens qui sont contre, chacun pense ce qu'il veut. De mon côté, **je ne vois aucun inconvénient** à utiliser les mouchoirs en tissu, et aucun avantage à utiliser les mouchoirs en papier. Ah si peut-être, le repassage… mais qui a dit que c'était obligatoire de repasser les mouchoirs ? Moi, je les repasse seulement quand il y a eu un virus à la maison.

C'est **beau**, c'est **pratique** (le tissu ne perce pas, peu de chance de se moucher dans la main !), c'est écologique, c'est économique.

Et, et, et, ça irrite beaucoup moins la peau. Tenté·e ?

Pour les petits maux de l'hiver (et de l'automne et du printemps en Belgique), j'utilise **l'extrait de pépin de pamplemousse** dès que les premiers symptômes apparaissent.
Ce remède est un **antibiotique naturel**. Je l'utilise aussi pour mes enfants, en plus petite quantité. J'ai pris celui sans goût, l'autre est trop amer pour les enfants.

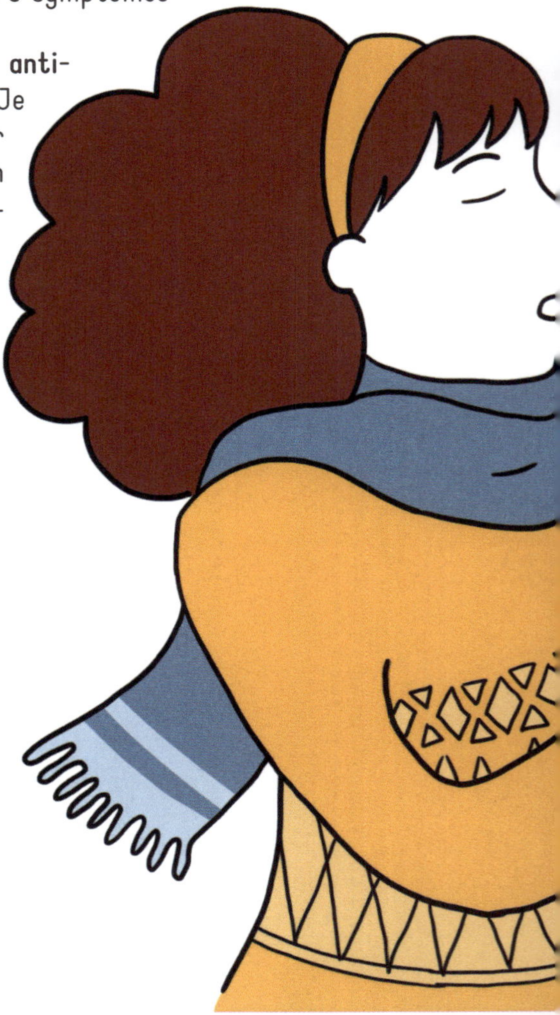

SE SOIGNER à
l'extrait de
PAMPLEMOUSSE

67

MANGER local

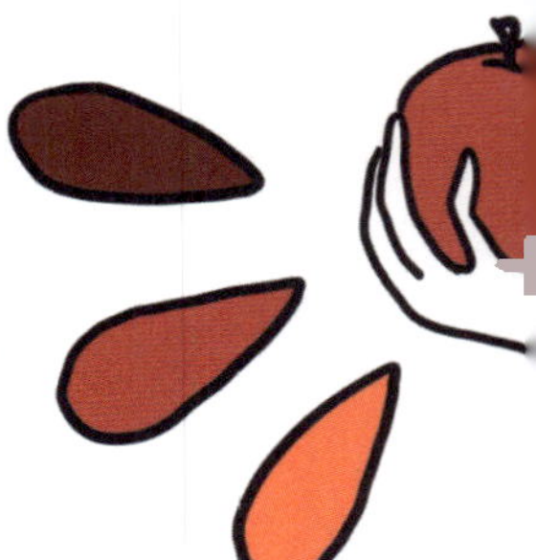

Manger local, parce que c'est **bon**, que ça fait marcher **l'économie locale**, que ça économise de **l'énergie en transport**, que c'est **moins cher**. Parce que l'on mange « **de saison** » et que je suis persuadée que la nature nous donne ce qu'il nous faut, quand il nous faut.

68

D'abord j'ai été chez Hotmail, puis chez Yahoo et ensuite j'ai choisi une boîte mail plus éthique.
Ce n'est pas évident de **changer de boîte mail**. J'ai d'abord fait un peu de **ménage**, en me désinscrivant de beaucoup de **lettres d'info** auxquelles j'étais inscrite.

Ensuite, j'ai fait une **redirection des mails** que je voulais continuer à recevoir. Mais j'ai aussi été obligée de faire un mail automatique de mon adresse Yahoo pour dire que j'avais changé, je continuais à recevoir des mails sur l'ancienne adresse. Toutes ces options sont faciles à mettre en place dans Yahoo. Bref, un petit pas, un petit effort pour **un petit mieux pour la planète**.

Mais au final, dommage, mon expérience ne s'est pas avérée concluante... Trop de bugs sur ma nouvelle messagerie m'ont obligée à revenir chez Yahoo. Mais je reste en alerte, et dès que je trouve une messagerie respectueuse qui correspond à mes besoins, je rechange ! Actuellement, je pense à EcoMail Parce que chez EcoMail, 50 % des recettes servent à réaliser des actions concrètes dans le domaine de l'écologie, et parce qu'ils s'engagent à diminuer leurs émissions de CO_2 (de 50 %).

69

Beaucoup de choses vont au **compost**, tout ce qui est **naturel** en fait. Et les **cheveux** (ainsi que les ongles) sont naturels.
Alors depuis quelques temps, quand je nettoie ma brosse, les cheveux vont au compost, ils ne vont plus à la poubelle. Un petit geste quotidien qui prend beaucoup d'ampleur, si les personnes qui le font deviennent de plus en plus nombreuses.
Tu peux aussi donner tes cheveux aux **oiseaux**, ils seront très contents de les utiliser pour la fabrication de leur nid !

PEINTURES murales naturelles

70

Ce n'est pas un secret pour mon entourage, je suis **en travaux** à la maison (des *slow* travaux si tu vois ce que je veux dire… on prend notre temps quoi !).
Après 1 000 ans, j'ai réussi à peindre trois pièces et un couloir. J'ai testé la peinture à la **farine**, mais je voulais du blanc et j'ai juste obtenu une **peinture transparente**. Ce n'était pas folichon. Puis je me suis tournée vers la **chaux**. J'ai acheté une peinture toute faite pour être certaine de ne pas avoir de raté, et j'ai adoré peindre à la chaux, faire des couleurs. Ça ne sent rien, **zéro émanation**, bref super.
Et bientôt, je vais tenter les peintures à base de légumes ou de fruits, mais ça, c'est une autre histoire :-).

71 DÉMÊLANT

Oui, encore un ingrédient qui migre de la cuisine à la salle de bain ! Alors ne fais pas comme moi au début, c'est-à-dire mettre du vinaigre blanc quasi pur. Ce n'est vraiment pas terrible ! !

Dans un verre d'eau (le top, c'est un verre d'eau froide, mais tu peux commencer avec de l'eau tiède), mélange 3 ou 4 cuillerées à soupe de **vinaigre de cidre**. Verse la moitié du verre, la tête en bas, l'autre moitié, la tête relevée. Laisse bien l'eau vinaigrée couler sur tes cheveux.
Pas besoin de rincer. Alors oui, ça sent le vinaigre quand on le fait, mais après, l'odeur disparaît !
Le vinaigre débarrasse les cheveux du **calcaire**, et, chez moi, ça les démêle tout de suite !
Allez, tu essayes et tu me racontes ?

72

Quand nous allons faire nos courses, nous avons toujours un grand sac avec nous. Nous allons au magasin bio **acheter en vrac**. Et pour mettre nos aliments en vrac, j'ai cousu des **petits sacs lavables** dans une ancienne housse de couette.
Enfin quand je dis « nous », je devrais plutôt dire, quand mon compagnon fait les courses… **ok, je fais rarement les courses**, mais je fais les listes et c'est moi qui ai cousu les sacs (avec des fleurs roses dessus, il est raviiiiii) !

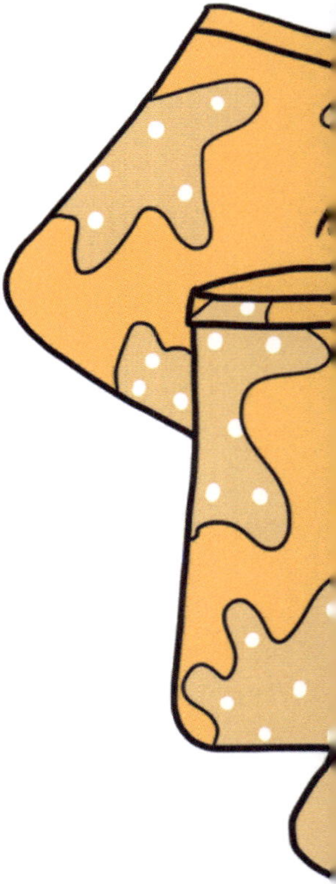

Petits Sacs en tissu pour le Vrac

dans la cha

73

Placer une **bouteille remplie et fermée** dans la chasse d'eau des toilettes fait économiser **1 litre d'eau** à chaque fois !

74

Je suis vraiment une **consommatrice abominable** : j'achète peu, je consomme peu ; quand j'achète, c'est souvent d'occasion ; et parfois, j'écris directement aux marques quand je suis en désaccord !

Par exemple, j'achète 3 culottes chez Bidule (oui les culottes, je les achète neuves...), et je repars avec 3 culottes (normal) mais aussi **6 étiquettes, 2 mini-cintres, 6 cartonnettes**.... stop ! Alors, j'écris à Bidule pour lui dire que je suis très contente de mes nouvelles culottes, mais que je le serais encore plus s'il les vendait sans **emballage**.
Voilà, ça me prend 30 secondes. Si l'on est plusieurs, beaucoup, énormément à le faire, on sera sûrement entendus un jour. Mais je remercie aussi, quand certaines marques vendent sans emballage. Si toi non plus, tu n'as pas envie de rester passif·ve, pense à t'exprimer auprès des marques !

INTERPELLER les Marques

75

L'essuie-tout (le fameux Sopalin® pour les Français de France ;-)), c'est un début... juste un début. Un petit geste inimaginable pour certains et pourtant, il s'agit juste d'une question de changement d'habitude. Car ce n'est pas utiliser des **essuie-tout lavables** qui est difficile, c'est de **changer ses habitudes**.

Alors, pour faire simple, **l'idée est de passer petit à petit du jetable au lavable** :

Remplacer l'essuie-tout par des TISSUS LAVABLES

mouchoir en papier ☞ mouchoir en tissu ;
sac en plastique ☞ sac en tissu ;
lingette en coton ☞ lingette en tissu ;
et ainsi de suite ...
Bon, je crois que tu as compris !

Oui je sais, j'ai déjà mentionné **l'usage du vinaigre**, mais là, je voudrais encore plus mettre en lumière son **super pouvoir** !
Quand on s'est installé dans notre nouveau *home sweet home*, les vitres avaient sacrément souffert durant les travaux. Il y avait des coulures qui ne partaient pas à la lessive Saint Marc® et à l'eau chaude. La seule solution était de les faire partir en les grattant avec l'ongle ! !
Je n'allais quand même pas acheter un nettoyant cracra ! !
Alors j'ai essayé le vinaigre pur, directement sur l'éponge, et là, youpii, ça nettoyait ! Je n'avais plus qu'à **rincer** à l'eau tiède et à enlever les traces de nettoyage en frottant avec du **papier journal** chiffonné.
Et le tour est joué.

76

77

On peut faire tremper préalablement les légumineuses **avant la cuisson** pour tout un tas de raisons (pour faciliter la digestion, pour les rendre plus nourrissantes, pour renforcer la teneur en vitamines...), mais d'un point de vue écologique, cela

représente une économie d'énergie. En effet, le temps de cuisson en est **réduit**. Donc pour les haricots secs, les pois cassés, les fèves..., mon conseil : laissez-les **tremper une nuit ou une journée** dans une eau non salée et changez l'eau pour la cuisson.

78

Si c'est possible, nous essayons de **réparer les objets avant de jeter**... parfois, on y arrive, parfois pas. Parfois, ça ne tient que quelques jours de plus, mais, au moins, on a essayé ! On **colle**, on **visse**, on **coud**, on **raccommode**...

éparer au lieu de JETER
COLLE

Nettoyant aux AGRUMES

79 Alors, pour faire un **nettoyant aux agrumes**, c'est facile !

Manger une **orange**, un **citron**… (un agrume quoi). Garder les **pelures** et les faire **tremper** dans du **vinaigre blanc** +/- 2 semaines dans un récipient fermé placé dans un placard. Le vinaigre va prendre l'odeur de l'agrume, ainsi que ses propriétés nettoyantes qui vont dissoudre la graisse.

Filtrer le mélange et le transvaser dans un pschitt-pschitt. On peut l'utiliser pur ou le diluer avec de l'eau (moi je le dilue). C'est un très bon nettoyant **pour la cuisine** (évier, cuisinière…). Et il sent bon ! !

80

Pour nous meubler, je privilégie **l'achat en seconde main**, c'est fou ce que l'on trouve dans les ressourceries ou sur le Web. Et mon petit plaisir est de **repeindre** des meubles et de leur donner **une deuxième vie** !
Bon, avec tout ce que j'ai à faire en ce moment, il est vrai que je commence à **accumuler** les meubles que j'ai trouvés pour notre maison… et elle commence à ressembler à une brocante ! Mais après de loooongs mois, j'ai enfin réussi à repeindre un de ces meubles.

81

Nos **caisses à vin** nous suivent depuis un bon moment. Elles sont très pratiques pour créer une **bibliothèque** sur mesure dans les différents appartements que nous avons habités.
On les utilise comme des **bacs** pour ranger les livres des filles

de façon à ce qu'elles voient les couvertures. C'est plus pratique pour les enfants. Et dans la maison, je les **customise** et j'en fais de **mini**-étagères. Dommage qu'elles soient devenues si **difficiles à trouver**. J'ai même vu une société qui les vend au prix de 15 € la pièce ! Alors qu'à la base, c'est un déchet !

82

Faire mon **ménage au vinaigre**, c'est ok. Me faire un **peeling au marc de café**, c'est ok. **Manger végétarien**, fastoche. Utiliser du **chocolat comme maquillage**, à l'aise...
Mais punaise, **vider sa boîte mail régulièrement, qu'est-ce que c'est difficile** ! !
Et pourtant, en évitant de stocker inutilement des mails périmés sur un serveur, on économise beaucoup d'énergie !

VIDER

régulièrement

la boîte mail

83

Se soigner à L'ARGILE

Quand j'ai utilisé la peinture à la **chaux** pour peindre certains murs chez moi, je n'avais pas suivi les recommandations de la vendeuse : je n'avais pas mis de **gants** ! La peinture m'a fait quelques petites **blessures** que je n'arrivais pas à soigner. Un peu **d'argile blanche ou verte** et de l'eau, on applique et on laisse un peu reposer, plusieurs jours de suite, et le tour est joué ! L'argile est un formidable **remède** contre les **égratignures** et les **plaies**.

84

Bon, sur ce sujet, je ressens le besoin de me justifier… et je déteste me justifier ! Hahhhaaaa !
Je dois me justifier, car les gens que je côtoie me voient depuis quelques temps avec un **nouveau Smartphone**. Et quand tu es écolo, c'est un peu comme si tu n'avais pas le droit d'en avoir un. Tout ce que tu mets en pratique dans ta vie pour sauver la planète est tout simplement annulé si on a le malheur de te voir avec un Smartphone dans les mains :-].
J'exagère à peine !
Un jour, j'ai dû changer mon téléphone.
J'ai l'habitude de conserver trèèèèèèèèès longtemps mes téléphones. Tellement longtemps, qu'il y a quelques temps, j'avais encore **un téléphone qui ne servait qu'à téléphoner**. Et puis **l'obsolescence programmée** ne m'a pas épargnée. Mon vieux téléphone acheté d'occasion m'a laissé tomber. Je l'ai remplacé par un Smartphone.

Donc me voilà avec un **Smartphone**, oui, moi qui ramasse les élastiques par terre, qui fabrique sa propre **lessive**, qui se mouche dans des **mouchoirs en tissu**, qui a **des toilettes sèches**, qui fait **pipi** sous la douche (ça va hein, tout le monde le sait maintenant), et qui ramasse les **déchets** que d'autres jettent allègrement dans la nature. Et j'espère bien le garder longtemps.

Comme quoi, vraiment
personne n'est parfait, hein !

Garder son téléphone PORTABLE le plus longtemps POSSIBLE

85

Bouhhhh, je te vois venir hein ! Ouais, **la permaculture**, ce truc à la mode, cette boboïsation du potager... Bon alors, laisse-moi expliquer ma vison de la permaculture. D'abord, ce n'est pas que le jardin, c'est tout **un mode de vie**.
Mais aujourd'hui, on va rester au jardin. L'idée en gros, c'est de **produire ses fruits et légumes, sans trop en faire**, sans se tuer à la tâche et en **respectant la terre et le vivant**. Moi ça me plaît bien. J'ai vu, je vois encore, les générations précédentes passer un temps fou et avoir **mal au dos** à travailler au potager.
Je vois aussi beaucoup trop de maisons individuelles entourées d'une **pelouse impeccablement tondue**, bordée d'une **haie à angles droits**. Et je ne parle pas de l'herbe cramée aux pesticides au bord de la route (*parce que, quand même, l'herbe, ça ne fait pas propre...*). Moi perso, ça m'angoisse.
Alors, moi qui croyais que le paillage ne pouvait être réalisé qu'avec de la paille, **j'expérimente, je teste** et, surtout, je rencontre des gens fantastiques qui partagent leurs connaissances et leurs expériences. Je comprends l'importance de **laisser la terre tranquille**, de ne pas la retourner, de laisser des ~~mauvaises herbes~~, pardon des **adventices,** dans le potager, de laisser des parties sauvages pour attirer les **pollinisateurs**.
Bon, ok, jusqu'ici, j'ai mangé 3 radis et 2 salades, mais je suis certaine que, d'année en année, ma **production** va se développer et mon potager va s'organiser dans un joyeux désordre.

86

J'adore **chiner**, trouver des **anciens draps**, des vrais, en 100 % coton, avec la petite étiquette « made in France » ou « made in Belgium ». Chez moi, ils trouvent une **seconde vie** sous forme de

rideaux ! Je les personnalise parfois grâce à des motifs peints à la peinture acrylique (ça tient très bien !), c'est écologique et supra-économique !

RAPPOR
les médicaments
à la PHARM

87

Un petit geste tout simple (un de plus) : au lieu de jeter les **médicaments périmés**, il suffit de les sortir de leur **emballage** et de les rapporter à la **pharmacie**. Ou mieux : avant qu'ils ne se périment, on peut aussi les donner à des **associations** ou médecins, ils seront distribués à des personnes dans le besoin.

88

Tu savais, toi, que, pour fabriquer du miel industriellement, certains apiculteurs **tuent toutes les abeilles** chaque année, parce que cela leur revient moins cher que de les entretenir pendant l'hiver ? Que le miel est souvent rallongé au **sirop de sucre** ? Et qu'il existe même du **faux miel** ? Que la plupart des miels vendus en supermarché proviennent de **Chine** ?

C'est pour cela que le meilleur miel est celui que l'on achète à l'apiculteur (bio de préférence) du coin. Qu'il soit du coin n'est pas une garantie, c'est mieux d'aller le voir ou de se renseigner sur sa méthode de travail. Mais généralement, les **apiculteurs locaux** développent un savoir-faire qui est aussi leur marque de fabrique, leur argument de vente.

Certaines personnes diront toujours que c'est bien mieux de se passer complètement de miel. En effet, les abeilles y survivraient très bien ! Mais le message « Arrêtez de manger du miel » est contreproductif à mon goût : **arrêtez de manger du miel industriel**, renseignez-vous, et après choisissez de manger ou pas du miel.

je m'engage

89

Alors effectivement, je m'engage d'un point de vue personnel avec **mon mode de vie, mes choix d'achats**... mais **je me suis aussi engagée avec d'autres personnes**, et ça c'est super motivant. En tant que **citoyenne**, j'ai du pouvoir, et je ne vais pas m'en priver !

Dans le mouvement en transition de ma ville (j'ai rencontré des gens passionnés et passionnants), auprès de ma **commune** sur la problématique des déchets, en créant avec deux autres hurluberlus une association sur la problématique du **zéro déchet** et les **techniques potagères**...

Les petits gestes au quotidien c'est bien, mais je pense que chacun d'entre nous doit pouvoir s'engager dans des mouvements collectifs, citoyens, car à plusieurs, on est plus forts, et on peut agir directement sur des sujets de société importants. À chacun de trouver un engagement à la mesure de son temps, de ses compétences ou de sa motivation, bien entendu !

Enfin bref, un seul conseil : **Lance-toi ! Rencontre des gens ! Engage-toi !** Ça en vaut vraiment la peine !

90

Une douche consomme en moyenne **entre 20 et 60 litres** d'eau (à condition de ne pas y rester 3 heures ;-)). Un bain consomme **entre 120 et 205 litres** d'eau.
La comparaison est vite faite !

91

Je n'avais jamais besoin de **pailles** chez moi et puis... j'ai eu des **enfants**. Des pailles pour le jus d'orange, pour les anniversaires, parce que la soupe passe plus facilement quand elle est bue avec une paille... Et vas-y que je te remplisse la poubelle un peu plus !

Stooooop !!! Depuis plusieurs mois, nous sommes passés aux **pailles en Inox**, et ça va très bien, merci ! Je viens également d'acheter une **petite brosse** parfaitement adaptée pour les nettoyer (tout comme les petits goulots de gourdes).

Les pailles en Inox, les essayer, c'est les **adopter** !

92

Il n'y a plus **d'éponges** achetées dans commerce chez nous ! Je les fabrique avec des **vêtements usés, des vieux collants**.

Maintenant, je ne râle plus quand mes filles font des trous dans leurs collants. Nous avons quand même gardé les éponges métalliques pour les plats encrassés. Pour ce qui est de la vaisselle classique et nettoyage de table, c'est tawashi !!

C'est hyper **simple à faire**, le plus difficile étant, encore une fois, de s'y mettre. Nous en avons une dizaine, car il faut les laver régulièrement. Pour le lavage, je conseille de les rassembler dans un petit filet.

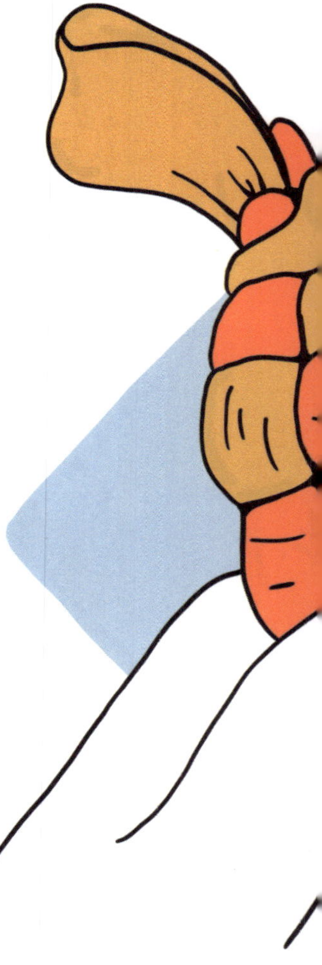

éponge
TAWASHI

JAMAIS
SANS MA
GOURDE

93

En promenade, en formation ou en voyage, ma **fidèle gourde** me suit partout depuis plusieurs années. Elle est **cabossée, griffée**, mais je l'aime ainsi. Et quand je l'oublie, il m'arrive de devoir combler son absence par un vulgaire gobelet en plastique. Je la retrouve à mon retour, lui promettant de ne plus jamais l'oublier dans le placard.
Bref, ma gourde et moi, c'est une belle histoire. Une complicité évidente.

RÉCUPÉRER
l'eau de pluie

94

Nous avons une **citerne d'eau de pluie enterrée**, mais je trouvais pratique d'avoir aussi une citerne plus **près du jardin**, facilement accessible. Cette eau nous sert pour le jardin, pour les corvées de nettoyage, notamment des toilettes sèches. C'est **pratique** et économique. Nous avons trouvé notre citerne sur un site de seconde main : avant, elle contenait du jus de fruit. Un petit dispositif pour la raccorder à la **gouttière** et le tour est joué !

Débrancher
les
chargeurs

95

Un **chargeur** laissé branché sans appareil à charger continue de consommer de **l'électricité**. Un tout petit peu, très peu, ridiculement peu. Mais à l'échelle mondiale, c'est autre chose !

96

Ce n'est plus un secret : près de **80 % des insectes auraient disparu en Europe**. Il est de notre devoir d'aider la **biodiversité**. Sans elle, plus de vie !

Alors moi, à ma toute, toute, petite échelle, une des choses que je fais pour les insectes butineurs, c'est de leur proposer des **fleurs locales en nourriture**.

Ce n'est pas grand-chose, mais c'est déjà ça. Si chacun s'y mettait, il y aurait de nouveau de quoi butiner allègrement ! Je privilégie les graines récupérées, ou certifiées bio.
Et quand je vais à Bruxelles, je garde parfois des **graines au fond de ma poche**, et hop, discrètement, je sème **aux pieds des arbres ou dans les bacs**.

97

Un jour, j'ai gentiment, mais fermement, mis (presque) **toutes les boîtes en plastique** hors de chez nous. Et à partir de ce jour, j'ai commencé à conserver les restes dans des **bocaux ou boîtes en verre**. Et je pense que la lecture du livre *Plastic Planet* (de Werner Boote et Gerhard Pretting, Actes Sud, 2010) n'y est pas pour rien !
Quand on met un aliment dans du plastique, il peut y avoir une transmission de substances douteuses, surtout si l'aliment est **chaud**. Voilà pourquoi je récupère les bocaux pour y conserver les aliments.
Autre argument : tu as remarqué comme les boîtes de conservation ont la fâcheuse tendance à perdre leur couvercle (ou vice versa) ? Le plastique des boîtes ne se recycle pas. Le verre ou le métal du couvercle, si !

Conserver les restes
dans
des bocaux

INGRÉDIENTS

50 g d'huile de noix de coco liquide
30 g de bicarbonate de soude
20 g de Maïzena®
5 gouttes d'huile essentielle de menthe poivrée
5 gouttes d'huile essentielle de palmarosa

☆☆☆

Dans un pot, verser l'huile de coco fondue (il suffit de la faire chauffer). Ajouter progressivement la Maïzena® et le bicarbonate en fouettant pour bien mélanger (objectif zéro grumeau). Compléter avec les huiles essentielles, mélanger et laisser figer au frais.

98

Cela fait plusieurs mois que je fabrique mon **déo**. J'ai mis longtemps à passer le cap et, pourtant, c'est une **recette simplissime** pour une efficacité top ! Elle permet de réaliser un petit pot de **déodorant solide** à appliquer du bout des doigts, pour un peu plus de deux mois d'utilisation.
En revanche, ce déodorant n'est pas un **anti-transpirant** !

DÉO fait maison

99

Tu sais que j'aime bien **partager** ce que je fais (avec mon entourage, sur Internet et puis avec ce livre).
C'est donc tout naturellement (presque) que j'en suis arrivée à organiser des **ateliers *Zéro Déchet***. Pire, j'ai créé une **association** avec une amie pour le faire !
Tous les mois, nous organisons une petite démonstration participative de nos expériences. Cela nous pousse à tester encore plus ! Un seul mot d'ordre lors de nos ateliers : **la perfection n'existe pas**. Alors, on papote, on échange, on se pose des questions, chacun·e est le/la bienvenu·e pour y participer. Pour nous, il est très important que la participation financière reste minime afin que ces ateliers soient accessibles à tous et à toutes.
Il n'est pas toujours facile de s'organiser et, parfois, je me demande **dans quoi je me suis embarquée une fois de plus** ! Mais jusqu'ici, cela a été très formateur et positif !

100

Quand on a un jardin et que l'on a envie de l'aménager, c'est mieux de privilégier **les plants et les arbustes indigènes** c'est-à-dire ceux qui pousseraient naturellement dans la région. C'est un des principes de la permaculture. En effet, ces plantes locales présentent plusieurs qualités et avantages !

☞ Elles sont plus **adaptées au climat et aux maladies** de la région, donc **plus résistantes**.

☞ Elles sont plus **en harmonie avec les insectes et animaux** de la région, donc plus utiles que les plantes exotiques (les abeilles vous diront merci).

☞ Leur **traçabilité** est plus facile à vérifier (privilégier les fournisseurs locaux et les échanges de plantes).

☞ Parce qu'elles sont **belles** !

Sur notre terrain, rapidement, nous avons replanté des **plantes vivaces** achetées dans une jardinerie écologique. Non seulement nous avons eu le plaisir de les voir

se développer au printemps suivant, mais, en plus, elles s'étalent et gagnent du terrain très facilement. Je ne connais pas tous les noms, mais il y en a une qui m'a bien surprise : à la fin de l'été, il suffit de l'effleurer pour que ses graines sautent dans tous les sens :-).

PAPIER À BASE DE FIBRES CERTIFIÉES

LAROUSSE s'engage pour l'environnement en réduisant l'empreinte carbone de ses livres. Celle de cet exemplaire est de : 900 g éq. CO_2 Rendez-vous sur www.larousse-durable.fr

Pour les Éditions Larousse, le principe est d'utiliser des papiers composés de fibres naturelles, renouvelables, recyclables et fabriquées à partir de bois issus de forêts qui adoptent un système d'aménagement durable. En outre, les Éditions Larousse attendent de leurs fournisseurs de papier qu'ils s'inscrivent dans une démarche de certification environnementale reconnue.

Imprimé en Espagne par Unigraf SL
Dépôt légal avril 2019
322579 /01- 11039561 -février 2019